Magia, alquimia, brujería y ocultismo

colección

TABLA
ESMERALDA

La Colección Tabla Esmeralda es mucho más que una serie de libros: es una invitación a descubrir tu poder interior y a explorar los secretos más ocultos del universo. A través de una selección exquisita de obras emblemáticas en los campos del esoterismo, la autoayuda y el pensamiento espiritual, esta colección está pensada para aquellos que buscan expandir su conciencia y comprender los misterios que han fascinado a la humanidad desde tiempos ancestrales.

Cada libro te guiará en un viaje profundo hacia el conocimiento místico y el desarrollo personal, ayudándote a desentrañar los enigmas que rodean la existencia humana y a conectar con el poder transformador de la mente y el alma. Si sientes el llamado de lo desconocido, si anhelas descubrir verdades ocultas y elevar tu ser a nuevas dimensiones, la Colección Tabla Esmeralda es el compañero perfecto en tu búsqueda espiritual.

MARITZA IZQUIERDO

MAGIA, ALQUIMIA, BRUJERÍA Y OCULTISMO

LOS SECRETOS DE LOS INICIADOS

ALCARAZ
EDICIONES

ÍNDICE

PRÓLOGO

La magia, la alquimia, la brujería y el ocultismo han sido objeto de un profundo interés y misterio a lo largo de la historia de la humanidad. Estas prácticas, muchas veces situadas en los márgenes de la ciencia y la religión institucionalizadas, han capturado la imaginación tanto de filósofos como de reyes, y han influido en el pensamiento y la cultura occidental de formas que, en ocasiones, no son inmediatamente evidentes. Este libro propone una inmersión en los secretos de los «iniciados», aquellos pocos que, a lo largo de los siglos, han mantenido viva la llama de lo oculto y lo esotérico.

La magia es entendida aquí no como el ilusionismo popularizado en tiempos modernos, sino como una verdadera búsqueda del control de las fuerzas naturales mediante medios arcanos. La alquimia, a su vez, es más que la mera transformación de los metales en oro, siendo en realidad una metáfora de la purificación del alma y la búsqueda del conocimiento absoluto. La brujería, por su parte, ha oscilado entre ser vista como una práctica vil y perseguida por el poder, y como una forma de resistencia espiritual ante las estructuras opresivas. Finalmente, el ocultismo, término que engloba a todas estas corrientes, representa el deseo humano por acceder a lo que está más allá del velo de la realidad, lo que es invisible a los ojos ordinarios.

Este libro se adentra en estos terrenos oscuros y fascinantes, basándose en investigaciones rigurosas, fuentes históricas y textos clásicos. Cada capítulo explora cómo estas creencias han evolucionado a lo largo de la historia, cómo han sido reinterpretadas y cómo continúan influenciando nuestra cultura contemporánea. Invitamos al lector a acompañarnos en un viaje entre lo visible y lo invisible, donde la frontera entre la realidad y lo esotérico se desvanece.

Introducción al mundo de la magia, alquimia, brujería y ocultismo

La historia de la magia, la alquimia, la brujería y el ocultismo está íntimamente ligada al desarrollo del pensamiento humano y a su interacción con la naturaleza y el cosmos. Desde las primeras civilizaciones, el ser humano ha buscado comprender y controlar su entorno, a menudo recurriendo a medios que desafiaban la comprensión racional.

En la Antigüedad, la magia era parte integral de la vida religiosa y cultural de pueblos como los egipcios, los babilonios y los griegos. Se creía que los dioses y los espíritus podían ser invocados mediante rituales, y que el universo era un vasto conjunto de fuerzas que podían ser manipuladas por aquellos que poseían el conocimiento adecuado. Textos como el *Papiro de Leyden* y el *Corpus Hermeticum* ofrecen un valioso testimonio de cómo las prácticas mágicas y alquímicas eran percibidas y aplicadas en el mundo antiguo.

La alquimia, por su parte, surgió como una ciencia esotérica durante la Edad Media, con profundas raíces en la tradición hermética. Alquimistas como Paracelso y Alberto Magno no solo buscaban la transmutación de los metales, sino también la obtención de la «piedra filosofal», un concepto que simbolizaba el conocimiento supremo y la perfección espiritual. En su obra *De Mineris*, Paracelso explora cómo la alquimia era, en esencia, una forma de purificación tanto del cuerpo como del alma.

Por otro lado, la brujería ha sido uno de los fenómenos más perseguidos y malinterpretados a lo largo de la historia. Durante la Edad Media y el Renacimiento, la caza de brujas se convirtió en una tragedia que llevó a la muerte a miles de personas, en su mayoría mujeres, acusadas de pactar con fuerzas demoníacas. Sin embargo, recientes estudios, como el de Carlo Ginzburg en *El queso y los gusanos*, han demostrado que muchas de estas acusaciones fueron fabricaciones políticas y sociales, y que la brujería representaba, en muchos casos, un vestigio de antiguas prácticas religiosas precristianas.

Finalmente, el ocultismo, que agrupa a todas estas corrientes, vivió un resurgimiento durante los siglos XIX y XX, con el auge de movimientos como la Sociedad Teosófica, la Orden Hermética de la Golden Dawn y figuras clave como Aleister Crowley. Estos grupos intentaron reavivar los conocimientos ancestrales y adaptarlos a los tiempos modernos, creando una mezcla de misticismo, filosofía y ritualismo.

La fascinación por lo oculto a lo largo de la historia

A lo largo de los siglos, la fascinación por lo oculto ha sido una constante en el imaginario colectivo de la humanidad. Desde las primeras civilizaciones, la magia y las prácticas esotéricas han sido vistas tanto con respeto como con temor. En el Antiguo Egipto, los sacerdotes no solo oficiaban rituales religiosos, sino que también eran considerados poderosos magos capaces de influir en el destino de las personas y el reino.

Durante la Edad Media europea, el surgimiento de la alquimia y la cábala reflejaba el deseo del hombre de desentrañar los misterios del universo. El alquimista medieval no era solo un precursor de los químicos modernos, sino también un filósofo que buscaba la «gran obra» (*magnum opus*), una forma simbólica de representar el proceso de autotransformación. Isaac Newton, conocido principalmente por sus contribuciones a la física, también estudió extensamente la alquimia, llegando a escribir más sobre este tema que sobre las leyes del movimiento.

En la época moderna, la fascinación por lo oculto adquirió una nueva dimensión con la aparición de sociedades secretas y ocultistas, como los Rosacruces y los Masones. A través de estas organizaciones, el ocultismo empezó a influir en la política y la cultura europea de formas sutiles pero significativas. René Guénon, en su obra *El reino de la cantidad y los signos de los tiempos*, argumenta que el ocultismo es, en parte, una respuesta a la creciente materialización del mundo, un intento por redescubrir el lado espiritual y misterioso de la existencia.

Incluso en la actualidad, el interés por lo oculto sigue vivo. Películas, libros y series de televisión que exploran temas esotéricos han demostrado ser enormemente populares, desde *Harry Potter* hasta *El código Da Vinci*. Esta popularidad refleja un deseo profundamente arraigado en el ser humano: la búsqueda de lo desconocido, lo misterioso y lo sobrenatural.

Los secretos de los iniciados: un viaje entre lo visible y lo invisible

Uno de los aspectos más intrigantes de la magia, la alquimia, la brujería y el ocultismo es la existencia de una supuesta «sabiduría secreta» accesible solo para unos pocos. Los iniciados, aquellos que han pasado por rituales de consagración y que han demostrado ser dignos de conocimiento arcano, son los guardianes de estos misterios.

Desde los misterios eleusinos de la antigua Grecia hasta las logias masónicas de la Europa moderna, las sociedades esotéricas han mantenido un velo de secreto sobre sus prácticas y creencias. Este secreto, sin embargo, no era únicamente para proteger el conocimiento, sino también para asegurar que solo aquellos verdaderamente comprometidos y preparados mentalmente pudieran acceder a él.

Aleister Crowley, uno de los ocultistas más influyentes del siglo XX, afirmaba que el conocimiento esotérico no puede ser revelado a la ligera. En su obra *Magick Without Tears*, argumenta que la magia verdadera es un proceso de transformación interior, donde el iniciado aprende a dominar sus propios impulsos y deseos para alcanzar un nivel superior de conciencia.

Sin embargo, este «viaje entre lo visible y lo invisible» no es fácil. Requiere disciplina, estudio y, sobre todo, una apertura mental para aceptar lo que no puede ser explicado mediante medios racionales. En este sentido, el camino de los iniciados es tanto una travesía espiritual como intelectual, una búsqueda constante del equilibrio entre el mundo físico y el espiritual, entre el ser material y el ser trascendente.

CAPÍTULO 1: MAGIA ANTIGUA Y SUS ORÍGENES

La magia ha acompañado al ser humano desde sus primeras etapas evolutivas como una herramienta para comprender y controlar las fuerzas naturales que le rodeaban. Desde tiempos prehistóricos, el hombre primitivo percibía el mundo como una mezcla de elementos tangibles y misteriosos, donde lo inexplicable podía ser influenciado a través de ritos y prácticas mágicas. Este capítulo explorará los orígenes de la magia en las primeras civilizaciones, el papel crucial de los chamanes y sacerdotes, y cómo la magia se integró en las religiones antiguas. Asimismo, se analizarán los primeros textos mágicos y las diferencias entre magia natural y ceremonial.

1.1 La magia en las primeras civilizaciones

La magia en sus formas más rudimentarias surgió como una respuesta a la incertidumbre del entorno natural. Los primeros seres humanos, enfrentados a fenómenos como las tormentas, la enfermedad o la muerte, recurrieron a prácticas que les permitían apaciguar lo que percibían como fuerzas incontrolables.

Arqueólogos y antropólogos han descubierto restos de prácticas mágicas en sitios prehistóricos, donde el arte rupestre muestra figuras que parecen estar relacionadas con rituales destinados a invocar la protección o la caza exitosa. Ejemplos de esto son las pinturas de Lascaux en Francia, que datan de aproximadamente 17,000 años atrás y representan escenas de caza acompañadas de figuras en posiciones rituales.

Con la aparición de las primeras grandes civilizaciones, la magia comenzó a institucionalizarse. En Mesopotamia, una de las primeras culturas complejas del mundo, los babilonios y sumerios practicaban una magia estrechamente vinculada con sus creencias religiosas. Textos como el *Enuma Elish* reflejan una cosmovisión donde los dioses interactúan directamente con los humanos, y los rituales mágicos servían como intermediarios entre ambos mundos. El uso de amuletos, encantamientos y conjuros era común para proteger a las personas de la enfermedad o del mal.

1.2 El papel de los chamanes y sacerdotes en las culturas antiguas

En estas sociedades primitivas, los chamanes y sacerdotes jugaban un papel central como los intermediarios entre el mundo material y el espiritual. Los chamanes, presentes en culturas indígenas desde Siberia hasta América del Sur, poseían un conocimiento profundo sobre los elementos naturales y las fuerzas invisibles que, según sus creencias, habitaban el mundo. A través de trances inducidos por el consumo de plantas enteógenas o mediante rituales que involucraban el baile y el canto, los chamanes entraban en contacto con el «más allá», obteniendo visiones y poder para curar o para influir en los acontecimientos cotidianos.

Mircea Eliade, en su obra *El chamanismo y las técnicas arcaicas del éxtasis*, describe cómo los chamanes no solo eran sanadores, sino también guías espirituales y magos que utilizaban su sabiduría para proteger a la comunidad de influencias malignas. Su conocimiento del mundo natural, de las plantas medicinales y de las energías espirituales les otorgaba un estatus elevado dentro de sus sociedades.

A medida que las sociedades se organizaban y se hacían más complejas, el rol del chamán fue reemplazado en muchos casos por sacerdotes que desempeñaban una función similar, pero en un contexto más estructurado. En Egipto, por ejemplo, los sacerdotes no solo dirigían los rituales religiosos, sino que también practicaban la magia mediante el uso de amuletos, fórmulas mágicas y símbolos que creían que podían manipular el mundo divino y terrenal.

1.3 Magia y religión en Egipto, Babilonia y Grecia

En las antiguas civilizaciones de Egipto, Babilonia y Grecia, la magia estaba estrechamente entrelazada con la religión oficial, siendo vista como un medio para comunicar y obtener favores de los dioses. En Egipto, la magia, conocida como *heka*, era un don concedido por los dioses a los humanos, permitiéndoles protegerse de las fuerzas del caos. Los sacerdotes egipcios utilizaban palabras mágicas, inscripciones y amuletos para invocar el poder de los dioses en el plano terrenal. Los famosos textos funerarios como *El Libro de los Muertos* estaban repletos de conjuros diseñados para guiar al difunto a través del inframundo.

En Babilonia, la magia estaba vinculada con la astrología y la adivinación. Los sacerdotes-astrólogos, conocidos como *baru*, eran consultados por los reyes para interpretar los movimientos de los cuerpos celestes, que se consideraban señales divinas. Uno de los textos más importantes de esta cultura, el *Enuma Anu Enlil*, contiene predicciones astrológicas

que los sacerdotes usaban para prever acontecimientos como guerras o desastres naturales.

En la antigua Grecia, la magia era vista con ambivalencia. Por un lado, filósofos
como Platón y Aristóteles desaconsejaban su
uso, pero al mismo tiempo las prácticas mágicas eran comunes entre el pueblo. Figuras
míticas como Medea y Circe en la literatura
griega simbolizaban el poder de la magia,
mientras que los misterios eleusinos, un importante culto religioso, incorporaban elementos místicos que algunos consideraban
formas de magia ritual.

1.4 Los grimorios: primeros libros de magia

A medida que la magia fue desarrollán-
dose y sistematizándose, comenzaron a surgir
los primeros grimorios, libros de hechizos y
rituales mágicos que compilaron el conocimiento arcano de diversas tradiciones. El término *grimorio* proviene del latín *grammatica*,
que originalmente hacía referencia a cualquier libro escrito, pero en el contexto mágico se refiere a textos que detallaban encantamientos, invocaciones de espíritus, fórmulas
alquímicas y otros saberes esotéricos.

Uno de los grimorios más antiguos conocidos es el *Picatrix*, un compendio árabe de

magia astrológica y alquimia que data del siglo X. Otro ejemplo clave es el *Clavícula de Salomón*, un texto atribuido al rey Salomón, famoso por su sabiduría y supuesta habilidad para controlar a los espíritus y demonios. Estos grimorios sirvieron como manuales para los magos y alquimistas de la Edad Media y el Renacimiento, proporcionando instrucciones detalladas sobre cómo realizar rituales y sortilegios.

1.5 Magia natural versus magia ceremonial: una diferencia clave

A lo largo de la historia de la magia, ha habido una distinción importante entre lo que se ha denominado «magia natural» y «magia ceremonial». La magia natural, tal como fue descrita por filósofos renacentistas como Marsilio Ficino y Giordano Bruno, consistía en el uso de las fuerzas naturales y astrológicas para influir en el mundo físico. Esta forma de magia estaba basada en la creencia de que el universo era un sistema interconectado, y que el mago, al conocer las leyes naturales, podía manipularlo a su favor. Ficino, por ejemplo, en su obra *De Vita*, propone que el alma humana puede beneficiarse de la energía celestial a través de la música, los talismanes y los rituales naturales.

Por otro lado, la magia ceremonial, popularizada por ocultistas como Aleister Crowley y los miembros de la Golden Dawn, es más estructurada y se basa en rituales complejos que involucran la invocación de entidades espirituales, como ángeles, demonios o espíritus elementales. Este tipo de magia requiere de una preparación ritualística y de un conocimiento profundo de símbolos y fórmulas que permitan al mago canalizar las fuerzas sobrenaturales de manera controlada. La magia ceremonial se asemeja más a una religión en su formalidad y en el uso de invocaciones y oraciones dirigidas a entidades superiores.

CAPÍTULO 2: ALQUIMIA: EL ARTE DE LA TRANSMUTACIÓN

La alquimia ha sido descrita tanto como una ciencia primitiva como una filosofía espiritual que buscaba transformar no solo los metales, sino también el alma humana. Desde sus primeros orígenes en Egipto y Mesopotamia, hasta su desarrollo en el mundo grecorromano y su auge en la Europa medieval, la alquimia ha fascinado a quienes buscan comprender los secretos del universo. Este capítulo explora la evolución de la alquimia, su simbolismo y su legado en la ciencia y la espiritualidad.

2.1 Orígenes de la alquimia en Egipto y Mesopotamia

Los primeros indicios de prácticas alquímicas pueden encontrarse en las antiguas civilizaciones de Egipto y Mesopotamia. En Egipto, la alquimia se conocía como *Khemia*, derivada de la palabra *Khem*, que hacía referencia a la tierra negra del Nilo, símbolo de fertilidad y renovación. Los textos funerarios egipcios, como *El Libro de los Muertos*, contienen indicios de un profundo conocimiento sobre la transformación de los elementos, no solo en un sentido físico, sino también espiritual, lo que sentaría las bases para el desarrollo posterior de la alquimia.

Los egipcios creían que la alquimia podía influir en el viaje del alma hacia el más allá, ayudando a los difuntos a alcanzar la inmortalidad. En este contexto, los alquimistas eran considerados sacerdotes y guardianes de un conocimiento sagrado. Los templos egipcios contenían laboratorios donde los sacerdotes-alquimistas trabajaban con metales y sustancias que creían poseían propiedades mágicas. La figura de Hermes Trismegisto, una deidad sincrética que combinaba elementos de Thoth, el dios egipcio de la sabiduría, y de Hermes, el mensajero griego de los dioses, se erige como el patrón simbólico de la alquimia.

En Mesopotamia, los babilonios y sumerios también desarrollaron prácticas que hoy reconocemos como alquímicas. La búsqueda del *elixir de la vida* y la longevidad está documentada en tablillas cuneiformes que describen experimentos con sustancias químicas y metales. En la *Epopeya de Gilgamesh*, el héroe viaja en busca de la inmortalidad, lo que refleja un tema central de la alquimia: la transformación y perfección del ser.

2.2 Alquimia grecorromana y la influencia helenística

Con la expansión del Imperio Griego y el advenimiento del periodo helenístico, las ideas alquímicas se expandieron y florecieron en una rica mezcla de tradiciones filosóficas y científicas. La alquimia grecorromana fue profundamente influenciada por el pensamiento filosófico griego, especialmente por el platonismo y el neoplatonismo, que ofrecían una visión dualista del mundo: la materia era imperfección y corrupción, mientras que el alma era pura y divina. El papel de la alquimia, entonces, era transmutar la materia imperfecta en una sustancia perfecta, paralelamente a la purificación del alma.

Uno de los textos más influyentes de este periodo fue el *Corpus Hermeticum*, una colección de escritos atribuidos a Hermes Trismegisto, que combinaron la filosofía griega con las creencias esotéricas egipcias. En estos textos, se describe cómo el universo está compuesto de una unidad fundamental, y cómo la alquimia no es solo la manipulación de sustancias físicas, sino una metáfora del proceso espiritual mediante el cual el alma humana puede ascender a un estado divino.

La obra de Zósimo de Panópolis, un alquimista del siglo III d.C., es otro ejemplo importante de este periodo. Zósimo escribió extensamente sobre los procesos alquímicos, describiéndolos no solo como operaciones físicas sino como actos profundamente espirituales. En su obra *Sobre el aparato del alquimista*, Zósimo narra visiones místicas en las que observa a figuras divinas y seres angélicos realizando transmutaciones simbólicas, vinculando así el trabajo del alquimista con el desarrollo espiritual.

2.3 La alquimia en la Edad Media: entre la ciencia y la espiritualidad

Durante la Edad Media, la alquimia experimentó una nueva fase de desarrollo, particularmente en Europa y el mundo islámico, donde alcanzó un alto grado de sofisticación. En esta época, la alquimia no era simplemente una protoquímica, sino un puente entre la ciencia, la religión y la filosofía.

En el mundo islámico, alquimistas como Jabir ibn Hayyan (conocido en Europa como Geber) hicieron contribuciones fundamentales a la alquimia y la química moderna. Jabir escribió sobre el uso de ácidos, destilaciones y procesos químicos que más tarde influenciarían el desarrollo de la química. Sus escritos, conocidos como el *Corpus Jabirianum*, incluyen explicaciones sobre la transmutación de los metales y la búsqueda del *elixir vitae*, la sustancia que otorgaría la inmortalidad.

En la Europa cristiana, la alquimia fue vista a menudo con sospecha por la Iglesia, aunque algunos de sus principios fueron asimilados por pensadores religiosos y místicos. Alquimistas como Alberto Magno y Tomás de Aquino defendían la alquimia como una ciencia compatible con la teología cristiana, argumentando que Dios había dado a los humanos el poder para comprender y transformar la materia. La famosa obra *Aurora Consurgens*, atribuida a Tomás de Aquino, describe cómo la alquimia espiritual puede llevar al alma hacia la iluminación divina.

2.4 La búsqueda de la piedra filosofal: mito o realidad

Uno de los mitos más perdurables de la alquimia es la búsqueda de la *piedra filosofal*, una sustancia legendaria que, según se creía, tenía el poder de transformar los metales base en oro y otorgar la inmortalidad. Este concepto aparece en numerosos textos alquímicos, desde los escritos de la antigüedad hasta el Renacimiento.

La piedra filosofal es, sin embargo, mucho más que una simple sustancia física. Para muchos alquimistas, representaba un símbolo de la perfección espiritual. El oro, considerado el metal más noble debido a su resistencia a la corrosión, era visto como el análogo físico de la pureza del alma. Así, la transmutación del plomo en oro se convirtió en una metáfora del proceso mediante el cual el alquimista transformaba su propia alma, purgándola de las impurezas del mundo material y llevándola a la perfección espiritual.

Entre los textos más importantes que detallan la búsqueda de la piedra filosofal se encuentra el *Mutus Liber,* un libro del siglo XVII compuesto solo de imágenes simbólicas, que representan el proceso alquímico desde la materia prima hasta la obtención de la piedra. Este libro refleja cómo la alquimia combinaba ciencia, arte y espiritualidad, dejando al alquimista en un estado constante de búsqueda y aprendizaje.

2.5 Grandes alquimistas: Paracelso, Avicena y el legado hermético

La historia de la alquimia está llena de grandes figuras cuyas contribuciones moldearon tanto el pensamiento científico como el esotérico. Paracelso, uno de los más famosos alquimistas del Renacimiento, revolucionó el mundo de la medicina al incorporar principios alquímicos en su práctica médica. En su obra *La Gran Cirugía*, Paracelso argumentaba que las enfermedades no eran causadas por desequilibrios en los humores, como creían sus contemporáneos, sino por desequilibrios químicos en el cuerpo, y que los alquimistas debían buscar remedios minerales para curar a los enfermos.

Avicena, conocido en el mundo islámico como Ibn Sina, también dejó una profunda huella en la alquimia. Aunque Avicena fue crítico de algunos aspectos de la alquimia, como la transmutación de metales, su obra *El Libro de la Curación* influyó enormemente en la alquimia y la medicina. Avicena veía la alquimia como una ciencia que, aunque imperfecta en su estado actual, tenía el potencial de revelar verdades ocultas sobre el universo.

El legado de la alquimia perdura en la tradición hermética, una corriente esotérica que fusiona los principios alquímicos con la filosofía y la magia. Los textos herméticos, especialmente el *Tabula Smaragdina* (la Tabla de Esmeralda), atribuidos a Hermes Trismegisto, se consideran los pilares fundamentales de la alquimia occidental. El principio hermético «como es arriba, es abajo» refleja la visión alquímica de que los procesos físicos y espirituales están interconectados, y que al transformar la materia, también se transforma el alma.

CAPÍTULO 3: BRUJERÍA: MAGIA POPULAR Y SABIDURÍA ANCESTRAL

La brujería, profundamente enraizada en el folclore y la cultura popular, ha sido una práctica que ha trascendido los tiempos, evolucionando desde sus orígenes como saberes ancestrales hasta convertirse en un símbolo de resistencia y empoderamiento en la era moderna. Este capítulo explora los aspectos históricos y culturales de la brujería, su papel en la medicina popular, las persecuciones que sufrieron quienes la practicaban y la evolución de la figura de la bruja en la actualidad.

3.1 Los orígenes de la brujería en el folclore europeo

Los primeros registros de la brujería en Europa tienen sus raíces en las creencias populares precristianas. Las culturas paganas de la Europa celta, germánica y eslava practicaban ritos que involucraban la veneración de la naturaleza y la invocación de espíritus y deidades relacionadas con la tierra, el clima y la fertilidad. Los druidas celtas, por ejemplo, actuaban como líderes religiosos y guardianes de la tradición oral, que incluía prácticas de magia y adivinación.

Estas prácticas se basaban en la creencia de que el mundo natural estaba lleno de fuerzas invisibles que influían en la vida humana, y que ciertos individuos, como los curanderos y adivinos, poseían la habilidad de interactuar con estas fuerzas para beneficio de la comunidad. La brujería, en su forma más primitiva, no era vista como una amenaza, sino como una práctica necesaria para asegurar la prosperidad, la salud y el bienestar.

El folclore europeo también está lleno de historias de criaturas sobrenaturales, como hadas, duendes y espíritus de la naturaleza, que a menudo se asociaban con los «poderes» de las brujas. Estas figuras eran tanto temidas como respetadas, y su influencia en la vida cotidiana se extendía desde la agricultura hasta los rituales de protección contra el mal de ojo.

3.2 Brujería y medicina popular: sabiduría femenina

Uno de los aspectos más importantes de la brujería en Europa fue su conexión con la medicina popular, un campo que históricamente estuvo dominado por mujeres. Las llamadas «curanderas» o «parteras» eran expertas en el uso de hierbas medicinales y remedios naturales, y muchas de ellas eran respetadas por sus comunidades debido a su habilidad para curar enfermedades, asistir en partos y ofrecer consejos espirituales.

La sabiduría femenina en relación con la medicina popular era transmitida de generación en generación, y las mujeres que la practicaban a menudo tenían un conocimiento profundo de las plantas, los ciclos naturales y el cuerpo humano. Textos antiguos, como el *Leechbook de Bald*, un manuscrito médico anglosajón del siglo X, contienen descripciones detalladas de remedios a base de hierbas que muestran cómo la medicina popular se basaba en una comprensión de la naturaleza.

Sin embargo, con la expansión del cristianismo y el crecimiento de las estructuras patriarcales en la sociedad medieval, esta sabiduría femenina comenzó a ser vista con recelo. Las prácticas de curandería y medicina popular, antes consideradas necesarias y valiosas, fueron gradualmente asociadas con la brujería maligna, especialmente cuando las mujeres que las practicaban desafiaban la autoridad religiosa o médica establecida.

3.3 La persecución de las brujas: mitos y realidades históricas

El periodo conocido como la «caza de brujas», que alcanzó su apogeo entre los siglos XV y XVII, fue uno de los capítulos más oscuros de la historia europea. Miles de personas, en su mayoría mujeres, fueron acusadas de brujería y ejecutadas en hogueras públicas bajo la acusación de haber pactado con el diablo y haber utilizado la magia para dañar a otros.

Uno de los textos más influyentes en la persecución de las brujas fue el *Malleus Maleficarum*, escrito en 1487 por los inquisidores Heinrich Kramer y Jacob Sprenger. Este manual, utilizado por la Iglesia y las autoridades civiles, describía cómo identificar y procesar a las brujas, afirmando que las mujeres eran particularmente susceptibles a la influencia del diablo debido a su «naturaleza débil». Este libro alimentó el pánico y la paranoia, contribuyendo a la creación de mitos sobre las brujas, como la idea de que podían volar en escobas o transformar a otras personas en animales.

Sin embargo, los estudios recientes de historiadores como Brian Levack (*The Witch-Hunt in Early Modern Europe*) y Carlo Ginzburg (*El aquelarre*) sugieren que muchas de las acusaciones de brujería estaban motivadas por conflictos sociales, económicos y políticos. A menudo, las mujeres acusadas de brujería eran viudas, parteras o mujeres que vivían al margen de la sociedad, lo que las convertía en objetivos fáciles de persecuciones que en muchos casos respondían a tensiones comunitarias o personales.

3.4 Los aquelarres: encuentros rituales y su simbolismo

El concepto de los aquelarres, encuentros nocturnos en los que las brujas supuestamente se reunían para adorar al diablo y practicar rituales oscuros, ha sido una de las imágenes más persistentes asociadas con la brujería. En la imaginación popular, estos aquelarres se describían como reuniones secretas en las que las brujas celebraban banquetes, danzaban en torno a hogueras y participaban en rituales sexuales y sacrificios para invocar a espíritus malignos.

El origen de esta idea tiene sus raíces en la demonización de las antiguas fiestas paganas que celebraban los ciclos agrícolas y las estaciones del año. Muchas de estas festividades, que involucraban el canto, la danza y el uso de máscaras, fueron reinterpretadas por la Iglesia cristiana como prácticas satánicas.

Así, los antiguos ritos dedicados a la fertilidad o a la naturaleza fueron convertidos en actos de brujería perversa en la imaginación de los inquisidores y teólogos medievales.

El simbolismo de los aquelarres también refleja la tensión entre la libertad femenina y la represión social. En el aquelarre, las mujeres, tradicionalmente subordinadas en la sociedad patriarcal, se veían libres de los roles impuestos y participaban en rituales que representaban una inversión del orden establecido. Este aspecto subversivo de la brujería fue uno de los factores que contribuyeron a su persecución.

3.5 La bruja moderna: reivindicación y práctica actual

En el siglo XX, con el auge del feminismo y los movimientos neopaganos, la figura de la bruja experimentó una profunda transformación. Lo que una vez fue un símbolo de maldad y oscuridad, comenzó a ser reivindicado como un icono de resistencia femenina y poder espiritual. Movimientos como la Wicca, fundada por Gerald Gardner en la década de 1950, jugaron un papel crucial en la revalorización de la brujería como una práctica espiritual positiva centrada en la conexión con la naturaleza y el empoderamiento personal.

La Wicca, una religión neopagana que combina elementos de antiguas prácticas paganas europeas con rituales modernos, se basa en principios de equilibrio, armonía y respeto por el ciclo de la vida. Sus practicantes, tanto hombres como mujeres, se identifican con la figura de la bruja como una guardiana del conocimiento oculto y la magia natural. A través de la celebración de festivales estacionales y el uso de rituales para sanar y proteger, los wiccanos han recontextualizado la brujería como una práctica espiritual legítima y pacífica.

En la cultura contemporánea, la figura de la bruja ha sido adoptada por movimientos feministas como un símbolo de resistencia contra las estructuras patriarcales. Libros como *Calibán y la bruja* de Silvia Federici exploran cómo la persecución de las brujas en la Europa moderna estuvo intrínsecamente ligada a la represión de la autonomía femenina. Federici argumenta que la caza de brujas fue una herramienta para consolidar el control patriarcal sobre el cuerpo y la sexualidad de las mujeres, y que la reivindicación de la figura de la bruja representa una forma de resistir esa opresión.

Hoy en día, la brujería moderna no solo es una práctica espiritual, sino también un símbolo cultural de empoderamiento. Desde series de televisión hasta movimientos artísticos, la bruja ha resurgido como una figura poderosa que desafía las normas establecidas y celebra la individualidad y la conexión con el mundo natural.

CAPÍTULO 4: EL OCULTISMO Y LAS SOCIEDADES SECRETAS

El ocultismo, a lo largo de los siglos, ha sido un refugio para aquellos que buscaban comprender los misterios del universo mediante conocimientos esotéricos y secretos, alejados de las corrientes religiosas y filosóficas predominantes. Las sociedades secretas han jugado un papel crucial en la preservación y transmisión de este saber oculto, y a menudo han sido el centro de mitos, teorías conspirativas y rumores sobre su influencia en los eventos históricos. Este capítulo analiza la evolución del ocultismo y el papel de algunas de las sociedades más influyentes, desde la Orden Rosacruz hasta los Illuminati y las corrientes esotéricas del siglo XIX.

4.1 Definición y evolución del ocultismo

El término *ocultismo* proviene del latín *occultus*, que significa «escondido» o «secreto», y hace referencia al estudio de las verdades espirituales y metafísicas que están ocultas a la mayoría de las personas. A diferencia de la religión o la ciencia, el ocultismo se enfoca en el conocimiento esotérico, es decir, saberes que solo pueden ser comprendidos por aquellos que han sido iniciados en ciertos ritos y tradiciones. Este conocimiento abarca disciplinas como la alquimia, la astrología, la cábala, la magia ceremonial y la teosofía, entre otras.

A lo largo de la historia, el ocultismo ha evolucionado en paralelo con la filosofía y la religión, a menudo interactuando con ellas, pero manteniendo su carácter reservado. En la Edad Media, la alquimia y la astrología formaban parte de los estudios académicos, pero eran consideradas disciplinas reservadas para aquellos que tenían acceso a conocimientos más profundos. En el Renacimiento, el resurgimiento del pensamiento hermético y las corrientes esotéricas, como la cábala cristiana, influyeron en filósofos como Marsilio Ficino y Giovanni Pico della Mirandola, quienes veían en el ocultismo un medio para acceder a verdades divinas.

Con el advenimiento de la Ilustración y el auge de la ciencia moderna, el ocultismo comenzó a ser visto con desconfianza por las élites intelectuales y académicas. Sin embargo, lejos de desaparecer, el ocultismo se adaptó y prosperó en nuevas formas, como lo demuestran las sociedades secretas que surgieron en el siglo XVIII y XIX, manteniendo viva la llama del conocimiento esotérico.

4.2 La Orden Rosacruz y el conocimiento esotérico

Una de las sociedades esotéricas más influyentes de la historia es la Orden Rosacruz, cuya existencia se remonta al siglo XVII. Los Rosacruces, que combinaban elementos del cristianismo, el hermetismo y la alquimia, afirmaban ser herederos de un saber secreto que había sido transmitido desde la antigüedad. Aunque los orígenes exactos de la orden son difíciles de rastrear, el primer texto que menciona a los Rosacruces es el *Fama Fraternitatis*, publicado en Alemania en 1614, que describía la vida de Christian Rosenkreuz, un mítico fundador que supuestamente había viajado por Oriente Medio y África en busca de sabiduría.

La Orden Rosacruz promovía un mensaje de regeneración espiritual y de búsqueda de la verdad a través del estudio de la naturaleza y el alma humana. Los rosacruces veían en la alquimia un proceso tanto físico como espiritual, donde la transmutación de los metales era una metáfora de la purificación del alma. La *Confessio Fraternitatis*, otro texto rosacruz clave, afirmaba que la orden no buscaba poder ni riquezas materiales, sino iluminar a la humanidad.

A pesar de la influencia de los textos rosacruces, la existencia de la Orden Rosacruz como una organización formal ha sido motivo de debate entre historiadores. Algunos sugieren que los textos no describían una sociedad secreta real, sino más bien una corriente filosófica que inspiró a otros grupos esotéricos, como la Masonería y la Teosofía.

4.3 Los Illuminati: mitos y teorías conspirativas

La Orden de los Illuminati, fundada en 1776 por Adam Weishaupt en Baviera, es quizás la sociedad secreta más envuelta en mitos y teorías conspirativas. Originalmente, los Illuminati eran una pequeña organización que se proponía promover los ideales de la Ilustración, como la razón, la libertad de pensamiento y la separación de la Iglesia y el Estado. Sin embargo, a medida que la orden creció y atrajo a influyentes figuras dentro de la política y la intelectualidad europea, surgieron rumores sobre sus intenciones secretas y su supuesto plan para derrocar a las monarquías y establecer un «gobierno mundial».

A pesar de que la orden fue disuelta oficialmente por el gobierno bávaro en 1785, los Illuminati se convirtieron en el centro de numerosas teorías conspirativas que perduran hasta hoy. Estas teorías sugieren que la orden no solo sobrevivió en la clandestinidad, sino que ha seguido operando en secreto para controlar los eventos mundiales, infiltrándose en instituciones como los bancos, los medios de comunicación e incluso los gobiernos.

Autores como Robert Anton Wilson y Umberto Eco han explorado el fenómeno de las teorías conspirativas en torno a los Illuminati, sugiriendo que estas ideas reflejan una desconfianza general hacia las élites y el poder. Para muchos, los Illuminati representan el arquetipo de una sociedad secreta con vastos recursos y la capacidad de manipular la política global, aunque no existen pruebas concluyentes de su existencia continua.

4.4 La influencia de la Masonería en el ocultismo moderno

La Masonería, una de las sociedades secretas más influyentes en la historia moderna, tiene sus raíces en las guildas de constructores medievales, pero fue en el siglo XVIII cuando adoptó su estructura actual, basada en la enseñanza esotérica y los rituales simbólicos. La Masonería combina elementos del simbolismo cristiano, la alquimia, la geometría sagrada y la tradición hermética, y se presenta como una fraternidad filosófica dedicada a la búsqueda de la verdad y la perfección moral.

A lo largo de los siglos, los masones han sido objeto de fascinación y sospecha, debido a su estructura secreta y a la exclusividad de sus miembros, que incluyen figuras políticas e intelectuales de gran influencia. Sin embargo, la verdadera influencia de la Masonería en el ocultismo moderno se puede ver en la forma en que popularizó el uso de símbolos esotéricos, como la pirámide, el ojo que todo lo ve y el compás, y en su capacidad para transmitir conocimiento esotérico a través de rituales y grados iniciáticos.

La Masonería también influyó en la creación de otras sociedades esotéricas, como la Orden Hermética de la Golden Dawn y la Sociedad Teosófica, que adoptaron y adaptaron muchos de sus principios y rituales. Su legado en el ocultismo moderno es profundo, ya que ha servido como un medio para la difusión del conocimiento esotérico en Occidente y ha mantenido viva la tradición hermética.

4.5 Sociedades esotéricas del siglo XIX: la Teosofía y la Amanecer Dorado

El siglo XIX fue testigo de un renacimiento del ocultismo en Europa, con la creación de nuevas sociedades esotéricas que buscaban integrar la sabiduría ancestral con los avances del pensamiento moderno. Dos de las sociedades más influyentes de este periodo fueron la Sociedad Teosófica y la Orden Hermética de la Golden Dawn.

La Sociedad Teosófica, fundada en 1875 por Helena Petrovna Blavatsky y Henry Steel Olcott, buscaba fusionar las enseñanzas esotéricas de Oriente y Occidente, promoviendo la idea de una sabiduría perenne que subyace a todas las religiones. Blavatsky, una figura controvertida y carismática, escribió obras como *La Doctrina Secreta* y *Isis Sin Velo*, en las que defendía la existencia de una jerarquía espiritual de «maestros ascendidos» que guían el destino de la humanidad desde planos invisibles. La Teosofía fue una de las primeras corrientes esotéricas en popularizar conceptos como el karma, la reencarnación y la evolución espiritual en Occidente.

Por otro lado, la Orden Hermética de la Golden Dawn, fundada en 1888, fue una sociedad secreta dedicada a la práctica de la magia ceremonial y la alquimia espiritual. Basada en textos herméticos, cábala y alquimia, la Golden Dawn desarrolló un sistema de grados iniciáticos y rituales complejos que buscaban llevar al adepto a la iluminación espiritual. Entre sus miembros más famosos se encuentran Aleister Crowley, William Butler Yeats y Arthur Edward Waite, quienes contribuyeron a la difusión de las enseñanzas ocultistas en el siglo XX.

Ambas sociedades jugaron un papel crucial en la configuración del ocultismo moderno, influyendo en el desarrollo de movimientos posteriores como la Wicca y el neopaganismo, y continuando la tradición de sociedades esotéricas dedicadas a la búsqueda de la verdad oculta.

CAPÍTULO 5: RITUALES Y HERRAMIENTAS DE LOS INICIADOS

La práctica del ocultismo y la magia, a lo largo de la historia, ha requerido el uso de herramientas, símbolos y rituales cuidadosamente estructurados. Para los iniciados en las tradiciones esotéricas, estas herramientas y rituales no son meros objetos o actos simbólicos, sino canales a través de los cuales se puede acceder y manipular energías invisibles y potentes. En este capítulo, exploraremos las herramientas más comunes utilizadas en los rituales mágicos, la importancia de los círculos de protección, la formulación de invocaciones, y el papel central de los altares y templos en las prácticas ocultas.

5.1 Herramientas mágicas: el pentagrama, la varita, el athame y otros

Las herramientas mágicas son objetos simbólicos que los practicantes de las artes ocultas utilizan para enfocar y dirigir su poder durante los rituales. Entre las herramientas más importantes se encuentran el pentagrama, la varita, el athame y otros instrumentos cuya historia se remonta a siglos atrás.

El pentagrama, una estrella de cinco puntas, es uno de los símbolos más poderosos en la magia. Se considera un símbolo de protección, y sus cinco puntas representan los elementos de la naturaleza: tierra, agua, aire, fuego y espíritu. En los rituales, el pentagrama se dibuja en el aire o en el suelo para crear un espacio protegido o para invocar las energías elementales.

La varita es una herramienta tradicional que se utiliza para canalizar la energía mágica. Hecha generalmente de madera de árboles sagrados como el roble o el avellano, la varita es vista como una extensión del brazo del mago, permitiendo dirigir la energía hacia un objetivo concreto, ya sea para la curación, la protección o la invocación de espíritus. En los grimorios medievales, se describen instrucciones detalladas sobre cómo fabricar una varita, especificando las fases lunares y las palabras mágicas que deben recitarse durante su creación.

El athame, un cuchillo de doble filo, es otra de las herramientas fundamentales en la magia ceremonial. A diferencia de los cuchillos utilizados para cortar materiales físicos, el athame se utiliza para cortar simbólicamente las energías, crear círculos de protección o dirigir la voluntad del mago. Tradicionalmente, su hoja es de acero, y su empuñadura puede estar inscrita con símbolos mágicos. En la

Wicca y otras tradiciones neopaganas, el athame se utiliza para trazar el círculo mágico y para invocar a los elementos.

Otras herramientas comunes en los rituales incluyen el caldero, utilizado para la preparación de pociones o como un símbolo de transformación; el incienso, que se quema para purificar el espacio y elevar las plegarias; y la campana, cuyo sonido se utiliza para marcar el inicio y el fin de un ritual, así como para ahuyentar influencias negativas.

5.2 Los círculos mágicos y su protección en los rituales

Uno de los elementos más importantes en cualquier ritual mágico es el círculo mágico, una barrera simbólica que protege al practicante de energías adversas y espíritus malignos. El círculo actúa como un espacio sagrado donde las fuerzas cósmicas y los espíritus pueden ser invocados con seguridad, sin riesgo de influencias externas no deseadas.

El círculo mágico se traza generalmente con una herramienta ritual, como una varita o un athame, y suele estar acompañado por la invocación de los cuatro elementos y los guardianes de los puntos cardinales (norte, sur, este y oeste). Los textos herméticos y grimorios describen fórmulas específicas para la creación de círculos, asegurando que se reciten las palabras correctas y se sigan los gestos precisos para garantizar su efectividad.

Durante la Edad Media y el Renacimiento, los círculos mágicos eran una parte fundamental de los rituales de invocación de ángeles, demonios y otros seres espirituales. El Heptameron, un grimorio del siglo XVI atribuido a Pietro d›Abano, describe el uso de círculos mágicos en los rituales para controlar espíritus. Los magos trazaban estos círculos en el suelo con tiza o carbón, y se aseguraban de que cada nombre divino o símbolo inscrito en el círculo fuese correcto, ya que cualquier error podía provocar que el practicante quedara desprotegido ante las entidades invocadas.

5.3 Invocaciones y conjuros: fórmulas para contactar con lo invisible

Las invocaciones y conjuros son elementos esenciales en la magia ritual. A través de estas fórmulas, los magos y practicantes buscan invocar a entidades espirituales, pedir protección o modificar las energías del entorno para alcanzar sus objetivos.

Las invocaciones suelen estar dirigidas a seres superiores, como dioses, ángeles o espíritus elementales. En el ocultismo occidental, invocaciones como las que se encuentran en el Clavícula de Salomón, uno de los grimorios más influyentes de la Edad Media, contienen complejas fórmulas en latín o hebreo que el mago debía recitar para obtener el favor de entidades poderosas. Estas invocaciones incluían no solo las palabras, sino también gestos rituales y símbolos inscritos en pergaminos o herramientas.

Por otro lado, los conjuros se utilizan para ejercer una influencia directa sobre el mundo físico o espiritual. Estos conjuros pueden servir para atraer el amor, curar enfermedades, protegerse del mal o incluso maldecir a un enemigo. Cada conjuro debía ser pronunciado en un momento preciso, a menudo bajo ciertas condiciones astrológicas, y acompañado por el uso de amuletos, talismanes o rituales específicos.

En la magia moderna, como en la Wicca, las invocaciones y conjuros se han simplificado, aunque conservan su esencia. Se enfatiza la importancia de la intención y el estado mental del practicante, reconociendo que el poder de las palabras es mayor cuando se alinean con la voluntad y el propósito del mago.

5.4 El uso de amuletos, talismanes y símbolos protectores

El uso de amuletos y talismanes ha sido una parte fundamental de la magia y el ocultismo desde tiempos inmemoriales. Estos objetos, cargados con poder simbólico y energético, se utilizan para proteger al portador, atraer buena fortuna o canalizar determinadas energías.

Los amuletos suelen estar destinados a la protección, actuando como barreras contra las influencias negativas o los espíritus malignos. En el antiguo Egipto, los amuletos en forma de escarabajo o el ojo de Horus se colocaban en las tumbas para proteger a los muertos en su viaje al más allá. En Europa, el uso de amuletos contra el mal de ojo o los hechizos de brujas fue una práctica común durante la Edad Media.

Los talismanes, por otro lado, se crean con el propósito de atraer energías o fuerzas específicas hacia el portador. A diferencia de los amuletos, que son protectores pasivos, los talismanes se diseñan activamente para influir en el entorno. Los talismanes pueden estar hechos de metales preciosos, piedras, pergaminos o incluso plantas, y están inscritos con símbolos, palabras mágicas o nombres divinos que aumentan su efectividad. Los grimorios, como el *Picatrix*, detallan instrucciones para la creación de talismanes basados en los movimientos de los cuerpos celestes y los ciclos astrológicos.

5.5 Altares y templos: espacios sagrados para la práctica oculta

El altar es el centro de cualquier práctica mágica o ritual oculto, un espacio sagrado donde se colocan los objetos de poder y se llevan a cabo las ceremonias. Tradicionalmente, el altar está orientado hacia el este, la dirección del sol naciente, que simboliza la luz, el renacimiento y la iluminación espiritual.

En las tradiciones mágicas occidentales, el altar suele estar cubierto con una tela, y sobre él se colocan las herramientas mágicas, como el pentagrama, la varita, el athame, y el cáliz. También es común encontrar velas y estatuillas que representan a las deidades o fuerzas espirituales que el practicante desea invocar.

Los templos son espacios consagrados diseñados específicamente para la práctica del ocultismo. A menudo, estos templos están llenos de símbolos que representan los elementos y las fuerzas cósmicas, y los rituales que se llevan a cabo dentro de ellos se realizan con el propósito de invocar o canalizar esas energías. Desde las cámaras interiores de las pirámides egipcias hasta las logias masónicas del siglo XVIII, los templos siempre han sido considerados lugares sagrados, donde el mago o el iniciado puede conectarse con el poder divino en un entorno controlado y seguro.

CAPÍTULO 6: EL PODER DE LAS PALABRAS Y LOS SÍMBOLOS

El ocultismo se caracteriza por su profundo uso del lenguaje y los símbolos como herramientas para acceder a fuerzas invisibles y ocultas. Tanto las palabras como los símbolos tienen un poder que va más allá de su significado literal, actuando como puertas hacia otras dimensiones de la realidad y la mente. Este capítulo explora el lenguaje secreto de los grimorios, los alfabetos mágicos y los signos esotéricos, así como los símbolos alquímicos, los sellos mágicos y la numerología, revelando cómo estas herramientas han sido utilizadas por los iniciados para convocar poder, protección y conocimiento.

6.1 El lenguaje secreto de los grimorios

Los grimorios, antiguos libros de magia, son conocidos por su lenguaje cifrado y simbólico, diseñado para ser comprendido solo por aquellos iniciados en las artes esotéricas. Estos textos contienen una mezcla de conjuros, invocaciones, instrucciones para rituales y descripciones de herramientas mágicas, todo en un lenguaje lleno de códigos, metáforas y símbolos. Este uso deliberado de un lenguaje oscuro tenía una doble finalidad:

proteger el conocimiento de aquellos no iniciados y asegurar que solo los magos cualificados pudieran acceder al poder contenido en sus páginas.

Un ejemplo notable de un grimorio es el *Clavícula de Salomón*, uno de los textos más influyentes en la tradición de la magia ceremonial. Este grimorio presenta detalladas instrucciones sobre cómo invocar a ángeles y demonios, utilizando palabras y nombres divinos que deben ser pronunciados correctamente para garantizar el éxito del ritual. Los grimorios también incluyen alfabetos mágicos, como el alfabeto tebano, que permitían a los magos escribir fórmulas mágicas sin ser entendidos por los no iniciados.

El lenguaje de los grimorios no solo es verbal, sino también simbólico. Muchos de estos textos están llenos de diagramas, figuras geométricas y tablas que sirven para invocar y controlar energías invisibles. Cada símbolo y palabra tiene un significado específico, y su correcta combinación es crucial para el éxito de los rituales.

6.2 El alfabeto mágico y los signos esotéricos

El uso de alfabetos mágicos es una práctica común en el ocultismo, donde las letras no solo representan sonidos, sino también vibraciones energéticas y fuerzas cósmicas. Estos alfabetos son herramientas clave para los practicantes de la magia, ya que se utilizan para escribir invocaciones, talismanes y sellos que canalizan las energías invisibles. Uno de los alfabetos más conocidos es el alfabeto tebano, también llamado «Escritura de las Brujas», que fue utilizado en la Europa medieval para escribir conjuros y hechizos de manera que solo los iniciados pudieran descifrar su contenido.

Otro alfabeto mágico importante es el enochiano, atribuido a John Dee y Edward Kelley en el siglo XVI. Este sistema de escritura, que según sus creadores fue transmitido por ángeles, se utiliza en invocaciones mágicas para comunicarse con entidades celestiales. El enochiano es notable por su complejidad y por su supuesta capacidad para acceder a dimensiones superiores de la realidad.

Los signos esotéricos son símbolos visuales que encapsulan conceptos profundos y energías específicas. Entre los más conocidos se encuentran el Ankh egipcio, símbolo de la vida eterna; el Ojo de Horus, que representa protección y clarividencia; y el hexagrama, una estrella de seis puntas que simboliza la unión del cielo y la tierra. Estos signos se utilizan en rituales, amuletos y talismanes para invocar su poder y atraer las energías deseadas.

6.3 Los símbolos alquímicos: su significado y uso práctico

Los símbolos alquímicos son quizás los más complejos y ricos en significados dentro del mundo del ocultismo. Estos símbolos no solo representan sustancias físicas, sino también procesos espirituales. En la alquimia, el trabajo con metales es una metáfora de la transmutación interna del alma, y cada símbolo alquímico refleja una etapa en ese proceso.

Por ejemplo, el símbolo del sol (☉) representa el oro, el metal más preciado, y también simboliza el estado final de perfección y pureza que el alquimista busca alcanzar. El mercurio (☿), por otro lado, es tanto un metal como un principio espiritual, asociado con la transformación, el movimiento y el cambio. En la alquimia, el mercurio es el intermediario entre el cuerpo y el espíritu, un elemento clave en la transmutación de la materia.

El dragón, otro símbolo común en la alquimia, representa las fuerzas primordiales que deben ser dominadas y transformadas en el proceso de transmutación. El dragón es tanto un símbolo de destrucción como de renovación, y su conquista simboliza el dominio del alquimista sobre las fuerzas caóticas de la naturaleza y su propia psique.

Estos símbolos alquímicos se usaban no solo en textos y diagramas, sino también en el laboratorio alquímico, donde cada operación —ya fuera la destilación, la calcinación o la sublimación— tenía un equivalente simbólico en el proceso de transformación espiritual.

6.4 Los sellos mágicos: protecciones y convocatorias de poder

Los sellos mágicos son símbolos complejos que actúan como herramientas de protección y convocación. Utilizados principalmente en la magia ceremonial y en la creación de talismanes, los sellos están compuestos por formas geométricas, letras y figuras simbólicas que representan entidades espirituales, fuerzas cósmicas o deidades.

Uno de los usos más conocidos de los sellos es en el Ars Goetia, una parte del grimorio *Lemegeton*, donde se encuentran los sellos de 72 demonios que, según la tradición, fueron invocados y controlados por el rey Salomón. Cada demonio tiene su propio sello, que debe ser trazado correctamente para asegurar que la invocación sea efectiva y que el practicante mantenga el control sobre la entidad.

Además de los sellos demoníacos, existen sellos de protección que se inscriben en amuletos o en el espacio de trabajo ritual para asegurar que el mago esté protegido de influencias malignas. El Sello de Salomón, una estrella de seis puntas que entrelaza dos triángulos, es uno de los símbolos protectores más potentes en la magia ceremonial. Este símbolo representa la unión del cielo y la tierra, lo espiritual y lo material, y se utiliza para proteger al practicante de influencias negativas mientras realiza sus rituales.

6.5 La numerología: el significado oculto de los números

La numerología es una disciplina esotérica que asigna significados simbólicos y espirituales a los números, considerándolos como llaves para entender el universo y el destino humano. Esta práctica tiene sus raíces en la antigua Grecia, especialmente en las enseñanzas de Pitágoras, quien veía los números como la esencia del cosmos.

En la numerología, cada número tiene un significado específico y vibración energética. Por ejemplo, el número 1 simboliza el inicio, la unidad y la creación; el 2 representa la dualidad, la cooperación y el equilibrio; el 3 es considerado el número de la creatividad, la comunicación y la armonía. Números como el 7, que se asocia con la espiritualidad, la búsqueda de la verdad y el misticismo, han sido considerados sagrados en muchas culturas y religiones.

El estudio de la numerología se utiliza para interpretar la influencia de los números en la vida de una persona, ya sea a través de la fecha de nacimiento, el nombre o cualquier otra cifra significativa. La gematría, una forma de numerología judía, asigna valores numéricos a las letras del alfabeto hebreo, permitiendo a los estudiosos descifrar significados ocultos en textos sagrados como la Torá.

CAPÍTULO 7: MAGIA ASTROLÓGICA Y EL PODER DE LOS ASTROS

Desde tiempos antiguos, el ser humano ha mirado al cielo en busca de guía y comprensión. La magia astrológica es la práctica de utilizar las posiciones y movimientos de los astros para influir en los acontecimientos terrenales y en la vida personal. Este capítulo explora los orígenes de la astrología, las correspondencias mágicas del zodíaco, la influencia de los planetas en la magia ceremonial y cómo los astros, especialmente la Luna, se han utilizado para crear talismanes y llevar a cabo rituales poderosos.

7.1 Astrología: origen y desarrollo en las civilizaciones antiguas

La astrología, el estudio de los astros y su influencia sobre los asuntos humanos, tiene sus raíces en las civilizaciones más antiguas, como Mesopotamia, Egipto, Grecia y Roma. Las primeras observaciones astronómicas se hicieron para predecir eventos como las estaciones, las cosechas y los fenómenos celestes, pero pronto se desarrolló la idea de que los movimientos de los cuerpos celestes no solo influían en el clima, sino también en el destino humano.

En Mesopotamia, los sacerdotes babilonios comenzaron a desarrollar sistemas de adivinación basados en la observación de las estrellas y los planetas. Los astrólogos de esta región trazaron los primeros mapas del cielo y crearon calendarios basados en los movimientos celestiales. Textos como el *Enuma Anu Enlil*, que data de alrededor del 1600 a.C., son los primeros en detallar cómo los eventos cósmicos, como los eclipses o las conjunciones planetarias, podían interpretarse como presagios divinos.

En Egipto, la astrología estaba vinculada a la religión y la mitología. Los egipcios creían que los dioses habitaban en las estrellas, y que los faraones podían conectarse con los cielos. Las pirámides y los templos egipcios a menudo se alineaban con estrellas y constelaciones importantes, lo que sugiere un profundo entendimiento de la astronomía y su uso en rituales mágicos.

Los griegos y romanos llevaron la astrología a nuevos niveles de complejidad, con figuras como Hiparco y Ptolomeo desarrollando teorías sobre el cosmos y cómo los planetas afectaban no solo a los individuos, sino también a las naciones enteras. En su obra *Tetrabiblos*, Ptolomeo establece las bases de la astrología horoscópica, que aún hoy es la base de la astrología moderna.

7.2 El zodíaco y sus correspondencias mágicas

El zodíaco es uno de los pilares fundamentales de la astrología. Se trata de una banda imaginaria en el cielo, dividida en doce signos, que representa el recorrido aparente del Sol a lo largo del año. Cada uno de los signos del zodíaco está asociado con ciertos rasgos de carácter, elementos y correspondencias mágicas que los practicantes de magia astrológica han utilizado durante siglos.

Los signos del zodíaco se agrupan en cuatro elementos —fuego, tierra, aire y agua—, cada uno de los cuales representa una fuerza elemental que se manifiesta tanto en el cosmos como en la vida personal. Por ejemplo, los signos de fuego (Aries, Leo y Sagitario) están asociados con la energía, la acción y el poder; mientras que los signos de agua (Cáncer, Escorpio y Piscis) están vinculados con la intuición, las emociones y la espiritualidad.

Cada signo del zodíaco también tiene una correspondencia mágica con ciertos planetas, colores, piedras preciosas, hierbas y metales. Los magos y practicantes de astrología ceremonial utilizan estas correspondencias para crear rituales personalizados que alineen las energías cósmicas con sus intenciones. Por ejemplo, un mago que quiera realizar un ritual para el amor puede elegir un momento en que Venus, el planeta del amor, esté fuerte en el signo de Tauro, y utilizar piedras como el cuarzo rosa, que corresponde a Venus.

Además, el zodíaco también se relaciona con las casas astrológicas, que representan diferentes áreas de la vida, como la familia, el trabajo, la salud y las relaciones. La ubicación de los planetas en las diferentes casas en el momento del nacimiento de una persona se cree que influye en su destino y personalidad.

7.3 La influencia de los planetas en la magia ceremonial

Los planetas tienen un lugar central en la magia astrológica, ya que se consideran cuerpos celestes que emiten energías poderosas que pueden ser aprovechadas para diferentes propósitos. Cada planeta está asociado con un conjunto de cualidades, y su influencia se refleja en las acciones y eventos en la Tierra.

- Sol: Representa la fuerza vital, la individualidad y el poder. En la magia ceremonial, el Sol se invoca para obtener éxito, confianza y liderazgo.
- Luna: Gobierna las emociones, el subconsciente y los ciclos de la vida. La Luna es clave en los rituales de protección, sanación y adivinación.

- Mercurio: Está asociado con la comunicación, el intelecto y los viajes. Se utiliza en conjuros que implican el aprendizaje, el comercio y la negociación.
- Venus: Representa el amor, la belleza y el arte. Los magos invocan a Venus en hechizos para atraer el romance, la armonía y la creatividad.
- Marte: Se relaciona con la guerra, la acción y la energía masculina. Marte es poderoso en rituales para aumentar la fuerza, el coraje y la protección.
- Júpiter: Es el planeta de la expansión, la abundancia y la justicia. Se invoca en rituales para atraer la prosperidad, el éxito y el crecimiento espiritual.
- Saturno: Representa la disciplina, el tiempo y las limitaciones. Los magos lo utilizan para eliminar obstáculos y superar desafíos.

La magia planetaria utiliza las posiciones de los planetas para maximizar el poder de los rituales. Los magos ceremoniales planifican sus conjuros de acuerdo con las fases planetarias, invocando las energías específicas de los planetas en sus momentos más favorables, como cuando están en conjunción con signos astrológicos afines.

7.4 Talismanes astrológicos: el poder de las estrellas

Los talismanes astrológicos son objetos consagrados que se crean utilizando las energías planetarias y las influencias del zodíaco en momentos específicos. Estos talismanes, que pueden ser anillos, colgantes, pergaminos o figuras de metal, están diseñados para canalizar la fuerza de los astros y brindar protección, suerte o poder a quien los lleva.

El proceso de creación de un talismán astrológico es extremadamente detallado y está cuidadosamente calculado para que se realice bajo las influencias planetarias correctas. Un talismán de Júpiter, por ejemplo, se forjará cuando este planeta esté en su signo de regencia, Sagitario, para asegurar que su energía benefactora esté en su apogeo. Además, se inscribirán símbolos y palabras mágicas relacionadas con Júpiter para fortalecer aún más el talismán.

Los talismánes astrológicos han sido utilizados desde la antigüedad por reyes, magos y viajeros para protegerse de peligros o atraer fortuna. El alquimista Cornelio Agrippa, en su obra *De Occulta Philosophia*, ofrece detalladas instrucciones sobre cómo fabricar talismanes utilizando las fuerzas celestes y geomancias precisas.

7.5 Magia lunar: rituales y ciclos de la Luna

La Luna ha tenido un papel central en la magia desde tiempos inmemoriales debido a su influencia visible sobre la Tierra, como el control de las mareas y su efecto sobre los ciclos biológicos. En la magia, la Luna es vista como un símbolo de los ciclos de la vida, la muerte y el renacimiento, y cada fase lunar se asocia con diferentes tipos de rituales.

- Luna Nueva: Esta fase se utiliza para iniciar nuevos proyectos, sembrar intenciones y comenzar nuevos ciclos. Es el momento ideal para los rituales de crecimiento, purificación y nuevas oportunidades.
- Luna Creciente: Durante esta fase, las energías de la Luna aumentan, lo que la hace propicia para atraer abundancia, amor, éxito y todo tipo de expansión.
- Luna Llena: La Luna Llena es el momento más poderoso para la magia, cuando las energías alcanzan su punto culminante. Los rituales de protección, curación y manifestación son más efectivos bajo la luz de la Luna Llena.
- Luna Menguante: Durante esta fase, las energías disminuyen, lo que la convierte en un buen momento para rea-

lizar rituales de liberación, limpieza y eliminación de obstáculos.

En la magia lunar, las fases de la Luna se respetan y sincronizan cuidadosamente para alinearse con las intenciones del mago. Los rituales lunares a menudo incluyen el uso de velas, agua, espejos y símbolos relacionados con la diosa lunar, como el creciente o la triple diosa. Estos rituales buscan sincronizar el cuerpo y la mente del practicante con los ciclos naturales de la Luna, aprovechando su poder para influir en la vida personal y espiritual.

CAPÍTULO 8: EL LEGADO DE LOS OCULTISTAS MODERNOS

A lo largo del siglo XX y en adelante, el ocultismo ha vivido una profunda transformación y revitalización a través de figuras clave y movimientos esotéricos que han dejado una huella significativa en la cultura popular y en las prácticas espirituales contemporáneas. Este capítulo explora el legado de algunos de los ocultistas más influyentes de la era moderna, desde Aleister Crowley hasta Anton LaVey, y examina cómo el ocultismo ha evolucionado en la era digital.

8.1 Aleister Crowley y la magia sexual de Thelema

Aleister Crowley (1875-1947) es sin duda uno de los ocultistas más notorios y controvertidos de la historia moderna. Conocido por sus prácticas esotéricas extremas y su filosofía de vida basada en el lema «Haz lo que quieras será toda la Ley», Crowley fundó la religión de Thelema, que combina elementos de la magia ceremonial, el misticismo oriental y la magia sexual.

Crowley creía que la humanidad había entrado en una nueva era, el Æon de Horus, en el que el individuo debía centrarse en la realización de su verdadera voluntad, un concepto que iba más allá del simple deseo, refiriéndose a la misión espiritual única de cada persona. Su obra más influyente, *El Libro de la Ley*, fue supuestamente dictada por una entidad llamada Aiwass en 1904, y se convirtió en el texto sagrado de Thelema.

La magia sexual fue uno de los pilares de las enseñanzas de Crowley, en las que creía que la energía sexual, adecuadamente canalizada, podía llevar al practicante a un estado elevado de conciencia. Crowley integró estos conceptos en sus rituales, que a menudo incluían prácticas tántricas y orgías rituales diseñadas para liberar el potencial espiritual del individuo. A través de la Ordo Templi Orientis (O.T.O.), Crowley transmitió estas enseñanzas, influyendo en generaciones de ocultistas posteriores.

Crowley sigue siendo una figura compleja. Mientras algunos lo veneran como un visionario y maestro de la magia, otros lo ven como un personaje excéntrico cuyo hedonismo y provocación cruzaron los límites del decoro. Sin embargo, su influencia en el ocultismo moderno es indiscutible, y su trabajo sigue siendo estudiado y practicado por ocultistas de todo el mundo.

8.2 El resurgimiento de la Wicca: magia neopagana en el siglo XX

En la década de 1950, Gerald Gardner (1884-1964) introdujo la Wicca al mundo moderno, un sistema de creencias y prácticas mágicas basado en las antiguas religiones paganas de Europa. Gardner afirmó que había sido iniciado en un coven de brujas que conservaba las tradiciones ancestrales, aunque algunos académicos sostienen que Gardner creó la Wicca fusionando elementos de la magia ceremonial, el folklore y el esoterismo victoriano.

La Wicca es una religión neopagana que celebra los ciclos de la naturaleza, la dualidad divina (Dios y Diosa), y el uso de la magia para la transformación personal y la conexión con el cosmos. Los wiccanos celebran los Sabbats (festivales estacionales) y los Esbats (celebraciones de la Luna llena), y practican rituales de magia natural utilizando hierbas, piedras, velas y otros elementos.

Un aspecto importante de la Wicca es su enfoque en la ética mágica, encapsulada en el lema «Haz lo que quieras, pero no dañes a nadie». Esta regla básica, conocida como la Rede Wiccana, subraya la responsabilidad del practicante de la magia de no causar daño, directa o indirectamente, a otras personas o al entorno.

El resurgimiento de la Wicca en el siglo XX marcó un renacimiento de las religiones paganas y la brujería, alejándose de las asociaciones oscuras y peligrosas con el satanismo, y promoviendo la espiritualidad de la naturaleza y la autoexploración. Hoy en día, la Wicca es una de las formas de brujería más practicadas en el mundo, y ha sido adoptada por muchas personas que buscan una conexión más profunda con el mundo natural y las antiguas tradiciones espirituales.

8.3 Anton LaVey y la Iglesia de Satán: magia o espectáculo

Anton LaVey (1930-1997) es conocido por fundar la Iglesia de Satán en 1966 y escribir *La Biblia Satánica*, un texto que ha generado tanto fascinación como controversia. Sin embargo, el satanismo de LaVey no es el satanismo teológico tradicional, que implica la adoración de una entidad maligna, sino más bien una filosofía de individualismo radical y hedonismo que usa a Satanás como símbolo de la rebelión contra la moral convencional y la represión religiosa.

LaVey promovía el «Satanismo como indulgencia», es decir, el rechazo de la culpa y la aceptación del placer y el poder personal. En muchos aspectos, la Iglesia de Satán utilizaba el simbolismo religioso tradicional de una manera teatral y provocativa, diseñando rituales que incluían imágenes satánicas y prácticas que parecían sacadas de una película de terror.

Aunque sus críticos lo acusaban de ser más un showman que un auténtico ocultista, LaVey contribuyó a que el satanismo fuera visto como una corriente de pensamiento y no simplemente como un culto destructivo. Los ritos de la Iglesia de Satán, como los bautismos satánicos y las misas negras, eran en gran parte actuaciones simbólicas destinadas a enfatizar el rechazo de la espiritualidad tradicional y la celebración del poder personal.

Si bien su impacto ha sido principalmente cultural y filosófico, LaVey influyó en la forma en que se perciben las ideas de rebelión contra las normas sociales y religiosas. Su legado sigue vivo, con seguidores que continúan adhiriéndose a su filosofía, mientras que el satanismo en general ha evolucionado hacia una variedad de formas y prácticas.

8.4 La influencia del esoterismo en la cultura pop moderna

El esoterismo y el ocultismo han dejado una profunda huella en la cultura pop moderna, apareciendo en películas, series de televisión, música y literatura. Los temas relacionados con la magia, lo oculto y lo esotérico han fascinado a las audiencias durante décadas, y figuras como Aleister Crowley, la Wicca y la magia negra se han convertido en referencias populares en todo el mundo.

Películas como *El Bebé de Rosemary* (1968) y *El Exorcista* (1973) popularizaron la idea de lo oculto como algo peligroso y misterioso, mientras que más recientemente, series como *American Horror Story* y *Chilling Adventures of Sabrina* han incorporado elementos de brujería y magia en sus tramas. El fenómeno literario de *Harry Potter* también ha contribuido a la popularización del esoterismo, aunque de una manera más accesible y menos oscura, al hacer de la magia algo cotidiano y deseable.

En la música, artistas como David Bowie, Led Zeppelin y Black Sabbath han incorporado referencias ocultistas en sus letras y estética, inspirados en figuras como Crowley y la magia ceremonial. La moda, los videojuegos y las artes visuales también han adoptado símbolos ocultos y mágicos, como el pentagrama y el ojo de Horus, que han sido reinterpretados como elementos estéticos y subversivos.

El esoterismo en la cultura pop no solo atrae a aquellos interesados en lo místico, sino que también funciona como un canal para expresar la rebelión contra las normas sociales y las estructuras de poder tradicionales, alineándose con la búsqueda de libertad personal que caracteriza a muchos de los movimientos ocultistas.

8.5 Ocultismo digital: la era de internet y la magia contemporánea

Con la llegada de internet, el ocultismo ha entrado en una nueva era. La información que una vez estuvo reservada para unos pocos iniciados en sociedades secretas ahora está ampliamente disponible en línea. Desde foros dedicados a la magia hasta tutoriales en YouTube sobre brujería y esoterismo, la magia digital ha democratizado el acceso al conocimiento oculto.

Las plataformas digitales permiten a los practicantes de magia y esoterismo conectarse a nivel global, compartir sus experiencias y aprender nuevas prácticas a través de comunidades en línea. Además, los recursos ocultistas han sido digitalizados, haciendo que textos antes difíciles de encontrar estén al alcance de cualquier persona interesada. Incluso han surgido aplicaciones móviles y sitios web que ofrecen lecturas de tarot, horóscopos personalizados y rituales guiados, facilitando la práctica del ocultismo en el mundo contemporáneo.

Esta «nueva era digital» también ha dado lugar a nuevas formas de magia, como el chaos magick, un sistema esotérico que se basa en la flexibilidad y la adaptación de creencias y rituales de diversas tradiciones. Los practicantes de esta corriente utilizan herramientas tecnológicas para experimentar con nuevas formas de energía mágica, demostrando que el ocultismo sigue evolucionando y adaptándose a los tiempos modernos.

CAPÍTULO 9: ALQUIMIA ESPIRITUAL Y LA TRANSFORMACIÓN INTERNA

La alquimia no es solo el antiguo arte de transmutar metales, sino también una poderosa metáfora de la transformación interna. En el corazón de la alquimia espiritual se encuentra la búsqueda de la «gran obra» o *magnum opus*, un proceso de purificación y elevación del ser que involucra la transmutación del alma. Este capítulo explora cómo los principios alquímicos se aplican al crecimiento espiritual y psicológico, la conexión entre la alquimia y prácticas como el yoga, y el impacto del pensamiento de Carl Jung en la comprensión moderna de la alquimia como una herramienta para el desarrollo del inconsciente.

9.1 La alquimia como camino espiritual: transmutación del alma

La alquimia espiritual se basa en la idea de que el trabajo del alquimista no es solo transformar la materia, sino también llevar a cabo una profunda transmutación interna. En este contexto, la alquimia se convierte en un camino místico, donde el ser humano se purifica de sus impurezas espirituales, alcanzando un estado de iluminación y unidad con el cosmos.

Los alquimistas medievales, como Paracelso y Basilio Valentín, veían la alquimia como una disciplina que ofrecía conocimientos profundos sobre los misterios del universo y del alma. Para ellos, la transformación del plomo en oro era una metáfora del proceso por el cual el ser humano debía refinar su alma y alcanzar un estado divino. En este camino, el alquimista tenía que atravesar una serie de etapas (nigredo, albedo, citrinitas, rubedo), cada una representando un aspecto del proceso espiritual que culmina con la «piedra filosofal», un símbolo de la perfección espiritual.

Este proceso no es solo intelectual, sino también experimental. Al igual que el alquimista trabaja en su laboratorio para transformar los elementos, el buscador espiritual debe trabajar sobre sí mismo, purificando sus pensamientos, emociones y deseos para alcanzar una mayor conexión con lo divino.

9.2 La «gran obra» interna: el proceso alquímico del ser

La gran obra o *magnum opus* es el objetivo final del alquimista, y en el contexto espiritual, se refiere a la transformación completa del ser. Este proceso involucra la integración de todas las partes del ser humano, tanto las conscientes como las inconscientes, para alcanzar la totalidad.

El proceso alquímico interno sigue varias etapas que simbolizan los cambios necesarios para alcanzar el estado de iluminación:

- Nigredo (putrefacción): Es el punto de partida, la «muerte» simbólica del ego, donde el individuo enfrenta su propia oscuridad. Esta etapa representa el caos, la confusión y la necesidad de deconstruir las viejas formas de pensar y ser. Psicológicamente, es el reconocimiento de las sombras, los aspectos reprimidos de la personalidad.

- Albedo (purificación): En esta etapa, se produce una limpieza o blanqueamiento del alma, donde el practicante comienza a ganar claridad y una visión renovada. Es un momento de reflexión y autocomprensión, donde los aspectos más puros del ser emergen.

- Citrinitas (iluminación): Esta fase está asociada con la iluminación, un despertar espiritual donde la verdad interna se revela. En términos psicológicos, es el proceso de integración de los aspectos de la psique, donde se produce un equilibrio entre el consciente y el inconsciente.

- Rubedo (culminación): La etapa final, también conocida como el «enrojecimiento», representa la unión con lo divino y la materialización del conocimiento espiritual en la vida diaria. Aquí, el individuo alcanza su potencial completo, habiendo transmutado las «impurezas» en oro espiritual.

El *magnum opus* es, por lo tanto, un ciclo continuo de muerte y renacimiento, donde el alquimista interna constantemente transforma su ser en busca de la perfección espiritual.

9.3 Los cuatro elementos: fuego, tierra, aire y agua en el trabajo interior

Los cuatro elementos —fuego, tierra, aire y agua— juegan un papel central tanto en la alquimia material como en la espiritual. Estos elementos no solo se refieren a las sustancias físicas, sino también a aspectos del ser humano y del cosmos que deben ser equilibrados y armonizados.

- Fuego: En el trabajo interior, el fuego representa la voluntad y la transformación. Es el elemento que impulsa el cambio y la purificación. En la alquimia espiritual, el fuego es la pasión y la energía vital que impulsa al individuo a actuar y a transmutar sus estados internos.

- Tierra: La tierra simboliza la materia y la estabilidad, representando el cuerpo físico y la conexión con el mundo material. En el proceso alquímico, la tierra es el punto de partida que debe ser transformado. Es la base sólida que permite que los otros elementos interactúen y se transformen.
- Aire: El aire representa el intelecto y la claridad mental. Es el elemento que aporta discernimiento y comprensión. En el trabajo alquímico, el aire facilita la purificación del pensamiento y el desapego de las preocupaciones mundanas, permitiendo que el individuo vea más allá de las ilusiones.
- Agua: El agua es el símbolo de las emociones y la intuición. En la alquimia espiritual, el agua limpia y purifica, permitiendo que el alma se purgue de impurezas emocionales y se prepare para el cambio. Es el fluido que conecta y armoniza los otros elementos.

En el proceso de transformación interna, el alquimista busca equilibrar estos cuatro elementos dentro de sí mismo, asegurando que cada uno esté en armonía para facilitar el desarrollo espiritual y personal.

9.4 La relación entre la alquimia y el yoga: unión cuerpo-espíritu

La alquimia y el yoga comparten similitudes profundas en cuanto a su objetivo de lograr la unión entre el cuerpo y el espíritu. Ambas prácticas ven el cuerpo como un vehículo para la transformación espiritual, y buscan armonizar los aspectos materiales y espirituales del ser humano.

El kundalini yoga, en particular, tiene resonancias claras con la alquimia. Al igual que el alquimista trabaja para despertar la fuerza vital en los elementos, el practicante de kundalini trabaja para despertar la energía serpentina que reside en la base de la columna vertebral. A medida que esta energía asciende a través de los chakras, purifica el cuerpo y el espíritu, permitiendo una mayor conexión con el cosmos.

En ambos sistemas, se entiende que el cuerpo es un reflejo del alma y que, para alcanzar la iluminación, es necesario integrar los aspectos físicos y espirituales del ser. Esta integración se logra mediante la práctica constante y disciplinada, y mediante la purificación de la mente, el cuerpo y las emociones.

9.5 Alquimia psicológica: el legado de Carl Jung y el inconsciente

El psicólogo Carl Gustav Jung fue uno de los primeros en reconocer el profundo valor simbólico de la alquimia en el contexto de la psicología moderna. Para Jung, la alquimia no era solo un intento primitivo de hacer ciencia, sino una representación simbólica del proceso de individuación, un camino psicológico que lleva a la integración del consciente y el inconsciente.

Jung creía que los textos alquímicos estaban llenos de símbolos que representaban los procesos internos del alma humana. La «nigredo», o fase de putrefacción, por ejemplo, era vista por Jung como un reflejo del enfrentamiento con el inconsciente y las sombras de la psique. El objetivo final del alquimista —la piedra filosofal— era, para Jung, un símbolo de la totalidad del ser, la integración de todas las partes de la psique en un estado armonioso y equilibrado.

El concepto de alquimia psicológica ha influido profundamente en el desarrollo de la psicoterapia moderna. La noción de que el trabajo interior implica descender a las profundidades de la psique, confrontar los aspectos reprimidos y transmutarlos en fuentes de energía positiva, ha resonado en muchas corrientes terapéuticas que buscan ayudar a las personas a alcanzar una mayor auto-comprensión y autorrealización.

CAPÍTULO 10: EL FUTURO DE LA MAGIA, LA ALQUIMIA Y EL OCULTISMO

El camino de la magia, la alquimia y el ocultismo ha sido largo y profundo, y aunque ha sido en muchos casos marginado por la ciencia moderna, estas tradiciones continúan teniendo una influencia significativa en la espiritualidad contemporánea. Este capítulo analiza el lugar de la magia y el esoterismo en el mundo actual, reflexiona sobre el legado de la alquimia en la ciencia moderna, y explora el resurgimiento de las prácticas ocultas en el siglo XXI, señalando la posibilidad de su continuidad y transformación en el futuro.

10.1 ¿Es posible la magia en el mundo científico?

En un mundo dominado por el pensamiento científico y la tecnología, surge la pregunta: ¿es posible que la magia y el ocultismo sigan teniendo relevancia? La ciencia, basada en el empirismo y la lógica, parece oponerse directamente a la magia, que a menudo se basa en lo intangible y en fenómenos no observables según los estándares convencionales. Sin embargo, para muchos, la magia no es un reto a la ciencia, sino una forma alternativa de ver y entender la realidad.

La magia, en su forma más pura, puede ser vista como una herramienta simbólica para interactuar con el mundo interior del ser humano y con fuerzas sutiles del universo. De esta forma, la magia sigue siendo relevante para quienes buscan experiencias espirituales profundas, auto-transformación o prácticas rituales que les conecten con lo trascendental.

En un contexto contemporáneo, algunos científicos e investigadores han comenzado a explorar ideas relacionadas con la conciencia y el misticismo que podrían allanar el camino hacia una mayor reconciliación entre ciencia y esoterismo. Conceptos como la física cuántica y el estudio de la mente sugieren que la naturaleza de la realidad podría ser más flexible de lo que los paradigmas científicos tradicionales permiten, lo que abre una puerta para que las prácticas mágicas y ocultas mantengan su relevancia.

10.2 La alquimia como precursora de la ciencia moderna

Aunque históricamente se ha relegado la alquimia al ámbito de la superstición, muchos estudiosos han demostrado que fue una de las precursoras de la ciencia moderna, particularmente de la química. Alquimistas como Paracelso y Avicena, a pesar de trabajar en un marco esotérico, realizaron importantes avances en medicina, farmacología y metalurgia que sirvieron como base para el desarrollo de la ciencia.

La alquimia, con su enfoque en la transmutación de la materia, no solo sentó las bases para los experimentos científicos, sino que también cultivó una mentalidad de curiosidad y exploración del mundo natural. Aunque los objetivos alquímicos originales, como la creación de la piedra filosofal, no se alcanzaron, su metodología y experimentación contribuyeron al surgimiento de la ciencia moderna, en la que muchos de sus principios fueron secularizados y adaptados.

La noción alquímica de que todo está interconectado, y que el proceso de cambio en la materia es un reflejo de procesos espirituales y filosóficos, sigue inspirando a científicos y pensadores modernos, particularmente en áreas como la biología, la química y la psicología. En este sentido, la alquimia nunca desapareció completamente, sino que evolucionó y contribuyó al conocimiento humano.

10.3 Nuevas corrientes esotéricas y espirituales en el siglo XXI

El siglo XXI ha visto un resurgimiento en las corrientes esotéricas y espirituales, muchas de ellas reinterpretadas para el contexto moderno. Movimientos como la nueva era (New Age), el neopaganismo, el chaos magick y el mindfulness ofrecen vías alternativas para aquellos que buscan una conexión espiritual en un mundo materialista y cada vez más acelerado.

La tecnología ha jugado un papel clave en este resurgimiento, ya que las plataformas digitales permiten la difusión masiva de prácticas esotéricas y la creación de comunidades globales de personas interesadas en la magia, la alquimia y el ocultismo. Libros electrónicos, cursos en línea y foros han democratizado el acceso al conocimiento oculto, permitiendo que más personas puedan aprender y practicar lo que antes estaba reservado a círculos cerrados de iniciados.

Además, hay un creciente interés en formas de espiritualidad que no dependen de estructuras religiosas tradicionales, lo que ha llevado al auge de prácticas espirituales personalizadas y eclécticas. Estas nuevas corrientes esotéricas se centran en el empoderamiento personal, la autocomprensión y la conexión con el universo, utilizando herramientas como el tarot, la astrología y la meditación.

10.4 El resurgimiento de las prácticas ocultas en el contexto actual

En el contexto sociocultural actual, las prácticas ocultas han experimentado un renacimiento notable, particularmente entre jóvenes que buscan formas alternativas de espiritualidad. Este resurgimiento se debe en parte a una respuesta contra las estructuras tradicionales de poder, así como a la creciente desilusión con la religión institucionalizada.

La brujería moderna (como la Wicca) y el neopaganismo han ganado popularidad como movimientos espirituales que promueven la conexión con la naturaleza, el empoderamiento personal y el equilibrio entre lo masculino y lo femenino. Estos movimientos enfatizan la magia como una herramienta para el cambio personal y colectivo, y sus valores se alinean con muchos de los principios ecológicos y feministas que están en auge en el siglo XXI.

El interés en las prácticas ocultas también ha crecido debido a su representación en la cultura pop, con series de televisión, películas y literatura que exploran temas relacionados con la magia, lo esotérico y lo sobrenatural. Esta exposición ha hecho que las ideas ocultas sean más accesibles y atractivas, especialmente para aquellos que buscan una espiritualidad que no esté dominada por dogmas rígidos.

10.5 Reflexiones sobre la continuidad del saber esotérico

A lo largo de la historia, el saber esotérico ha demostrado ser notablemente resiliente. A pesar de la creciente secularización de la sociedad y la dominación del pensamiento científico, el ocultismo, la alquimia y la magia han perdurado y evolucionado. Su capacidad para adaptarse a nuevos contextos, como el mundo digital y la cultura pop, sugiere que estas tradiciones continuarán prosperando en formas renovadas.

El conocimiento esotérico ha funcionado a menudo como una vía de resistencia contra los poderes dominantes y las convenciones sociales. En el siglo XXI, donde las personas buscan cada vez más libertad para explorar sus propios caminos espirituales y rechazan las estructuras de control que ofrecen respuestas absolutas, el ocultismo y la magia siguen ofreciendo un espacio para la autonomía y la búsqueda de lo sagrado en lo personal.

La pregunta no es si el saber esotérico desaparecerá, sino cómo seguirá transformándose en un mundo que cambia rápidamente. Las herramientas digitales, el acceso abierto a la información y la creciente integración de la espiritualidad en la vida diaria sugieren que las formas tradicionales del ocultismo pueden seguir siendo relevantes, aunque posiblemente evolucionen hacia nuevas formas que reflejen las realidades contemporáneas.

APÉNDICES

Glosario de términos esotéricos

Alquimia: Antigua práctica que busca la transmutación de metales en oro y, en un sentido espiritual, la purificación del alma.

Amuleto: Objeto con propiedades mágicas que protege a su portador de influencias malignas.

Athame: Cuchillo ritual de doble filo utilizado en la Wicca y otras tradiciones mágicas, generalmente empleado para dirigir energía.

Cábala: Sistema místico judío que busca interpretar la naturaleza divina y la creación mediante textos sagrados, en particular, el Árbol de la Vida.

Chaos Magick: Corriente esotérica moderna que enfatiza la flexibilidad de las creencias y los rituales, adaptándolos según la voluntad del practicante.

Conjuro: Fórmula mágica recitada para invocar poderes sobrenaturales o producir un efecto deseado.

Grimorio: Libro de magia que contiene conjuros, invocaciones, instrucciones para rituales y detalles sobre la creación de amuletos o talismanes.

Hermetismo: Tradición filosófica y esotérica basada en los textos atribuidos a Hermes Trismegisto, que exploran la relación entre el cosmos, el hombre y lo divino.

Invocación: Llamada a un ser espiritual, como un ángel, demonio o deidad, para que asista o intervenga en un ritual.

Nigredo: Primera etapa del proceso alquímico, simbolizando la putrefacción y descomposición del ego o la materia prima, antes de su transmutación.

Pentagrama: Símbolo esotérico en forma de estrella de cinco puntas que se utiliza en rituales de protección y representación de los cinco elementos.

Talismanes: Objetos cargados de energía mágica que atraen poderes o fuerzas específicas para el bienestar o el éxito de su portador.

Thelema: Filosofía mística creada por Aleister Crowley que promueve la realización de la «verdadera voluntad» como la máxima ley.

Zodíaco: Cinturón celeste dividido en doce signos astrológicos, utilizado para predecir la influencia de los astros sobre el destino humano.

Cronología de la historia de la magia, alquimia y ocultismo

- 3000-1000 a.C.: Prácticas mágicas en las civilizaciones antiguas de Mesopotamia y Egipto. Se comienzan a desarrollar métodos de adivinación y alquimia rudimentaria.

- 2000 a.C.: Primeras referencias a rituales y magia en los textos sumerios, donde los sacerdotes realizan prácticas mágicas para contactar con los dioses.

- 500 a.C.: Surge el hermetismo en el Egipto helenístico, fusionando elementos del misticismo griego y egipcio. Hermes Trismegisto se convierte en figura central de la filosofía esotérica.

- Siglo I d.C.: El Corpus Hermeticum, atribuido a Hermes Trismegisto, es escrito, formando la base del pensamiento hermético en los siglos posteriores.

- Siglo III d.C.: Zósimo de Panópolis escribe textos alquímicos que influyen en las futuras generaciones de alquimistas.

- Siglo XI: Los textos alquímicos y astrológicos son traducidos al latín desde el árabe, incluyendo las obras de Avicena y Al-Kindi, lo que revitaliza el estudio de la alquimia en Europa.

- Siglos XIII-XV: La alquimia se expande en Europa con la publicación de importantes tratados de Paracelso y Alberto Magno. Se intensifica el uso de grimorios.

- 1487: Publicación del *Malleus Maleficarum*, un tratado que impulsa la persecución de las brujas en Europa.

- Siglo XVII: El surgimiento de la Orden Rosacruz promueve un esoterismo que mezcla alquimia, magia y religión. También aparecen los primeros rumores sobre los Illuminati.

- Siglo XVIII: La Masonería se expande en Europa, introduciendo símbolos esotéricos y prácticas rituales. Se publican los primeros textos masónicos.

- Siglo XIX: El resurgimiento del ocultismo y el esoterismo en Occidente. Figuras como Eliphas Lévi y Helena Blavatsky introducen nuevas ideas mágicas y teosóficas.

- Siglo XX: Aleister Crowley funda la religión de Thelema y Anton LaVey establece la Iglesia de Satán. El ocultismo entra en la cultura pop.

Principales textos ocultistas y grimorios a lo largo de la historia

- Corpus Hermeticum (siglo I d.C.): Textos atribuidos a Hermes Trismegisto, base del hermetismo.

- Picatrix (siglo X): Grimorio árabe de astrología y magia astrológica, influyente en la magia renacentista.

- Clavícula de Salomón (siglo XV): Uno de los grimorios más influyentes de la magia ceremonial occidental.

- Malleus Maleficarum (1487): Texto demonológico utilizado durante la caza de brujas en Europa.

- Eliphas Lévi - Dogma y Ritual de la Alta Magia (1856): Importante tratado sobre magia ceremonial que influyó en el ocultismo moderno.

- Aleister Crowley - El Libro de la Ley (1904): Texto sagrado de Thelema que establece las bases de la filosofía mística de Crowley.

- Helena Blavatsky - La Doctrina Secreta (1888): Obra clave en la teosofía, que presenta la existencia de una «sabiduría antigua» subyacente a todas las religiones.

- Anton LaVey - La Biblia Satánica (1969): Texto fundador del satanismo moderno, que establece los principios filosóficos de la Iglesia de Satán.

Ilustraciones y símbolos clave en la magia, la alquimia y el ocultismo

- El Ankh: Símbolo egipcio de la vida eterna, usado en la magia como emblema de poder y vitalidad.

- El Ojo de Horus: Símbolo de protección, clarividencia y poder espiritual en el antiguo Egipto.

- El Hexagrama: Usado en la magia ceremonial y alquímica, representa la unión del cielo y la tierra, lo espiritual y lo material.

- La Piedra Filosofal: Representación simbólica del objetivo final de la alquimia, la transmutación interna y la perfección espiritual.

- El Árbol de la Vida (Cábala): Símbolo cabalístico que representa la estructura del universo y el proceso de iluminación espiritual.

- El Sigilo de Salomón: Estrella de seis puntas utilizada en magia ceremonial para invocar y controlar entidades espirituales.

- El Ouroboros: Serpiente que se muerde la cola, símbolo de la eternidad, el ciclo de la vida y la naturaleza circular del universo.

- El Baphomet: Figura simbólica que representa la unión de opuestos, tanto en el esoterismo como en el satanismo moderno, popularizada por Eliphas Lévi.

BIBLIOGRAFÍA

Agrippa, Heinrich Cornelius. *Three Books of Occult Philosophy*. Llewellyn Publications, 1993. St. Paul, MN.

Blavatsky, Helena Petrovna. *The Secret Doctrine: The Synthesis of Science, Religion, and Philosophy*. Theosophical University Press, 1888. Pasadena, CA.

Crowley, Aleister. *The Book of the Law*. Weiser Books, 1976. York Beach, ME.

Dee, John. *The Hieroglyphic Monad*. Weiser Books, 2000. York Beach, ME.

Eliade, Mircea. *El chamanismo y las técnicas arcaicas del éxtasis*. Fondo de Cultura Económica, 1960. México, D.F.

Faivre, Antoine. *Theosophy, Imagination, Tradition: Studies in Western Esotericism*. SUNY Press, 2000. Albany, NY.

Ginzburg, Carlo. *El queso y los gusanos: el cosmos según un molinero del siglo XVI*. Muchnik Editores, 1981. Barcelona.

Guénon, René. *El reino de la cantidad y los signos de los tiempos*. Paidós, 1997. Barcelona.

Jung, Carl Gustav. *Psychology and Alchemy*. Princeton University Press, 1968. Princeton, NJ.

LaVey, Anton. *The Satanic Bible*. Avon Books, 1969. New York, NY.

Lévi, Eliphas. *Dogme et rituel de la haute magie*. Éditions Germer Baillière, 1856. Paris.

Paracelsus. *The Archidoxes of Magic*. Kessinger Publishing, 2004. Whitefish, MT.

Ptolomeo. *Tetrabiblos*. Loeb Classical Library, Harvard University Press, 1940. Cambridge, MA.

Thorndike, Lynn. *A History of Magic and Experimental Science: Volume 1-8.* Columbia University Press, 1923-1958. New York, NY.

Waite, Arthur Edward. *The Book of Black Magic and Ceremonial Magic.* Weiser Books, 2006. York Beach, ME.

Yates, Frances A. *Giordano Bruno and the Hermetic Tradition.* University of Chicago Press, 1964. Chicago, IL.

GRACIAS POR COMPRAR
ESTE LIBRO.
DESCUBRE MÁS EN
NUESTRA WEB: